Michel Luchesi

Garten und Balkon

Aus dem Französischen von
Cornelia Panzacchi

cbj

Inhalt

Richtig gärtnern von Anfang an

Die Grundlagen

Gebrauchsanweisung für dieses Buch

Dieser Naturführer beschäftigt sich mit einer der ältesten Fertigkeiten der Menschheit: der Kunst des Gärtnerns. Hier erfährst du, wie man einen Garten anlegt, der gesundes Gemüse und leckeres Obst liefert, wie man schöne Blumen zieht und sogar, wie man mit Kakteen, fleischfressenden Pflanzen und Bonsais umgeht.

Dieser Naturführer besteht aus vier Teilen. Im ersten siehst du, wie du einen Garten anlegen kannst und welche Ausrüstung du dafür benötigst. Im zweiten werden die Grundlagen von Anbau und Pflege erklärt. Im dritten Teil werden die beliebtesten Obst- und Gemüsepflanzen vorgestellt. Im vierten Teil geht es um den Umgang mit bekannten Zierpflanzen, aber auch um exotische Gewächse.

Zwölf Monate Arbeit

Bei schönem Wetter macht die Gartenarbeit am meisten Spaß. Doch gibt es im Garten immer etwas zu tun – sogar im Winter. Und auch die Zimmerpflanzen benötigen das ganze Jahr über Pflege.

Leben mit den Jahreszeiten

Beim Gärtnern spielen Jahreszeiten eine wichtige Rolle. Pflanzt man etwas zu früh oder zu spät ein, gedeiht es meist nicht besonders gut.

Ein Ökosystem

Der Garten ist ein Ökosystem, und die Aufgabe des Gärtners besteht darin, die einzelnen Bestandteile (Boden, Licht, Bewässerung) aufeinander abzustimmen.

Im dritten und vierten Teil findest du ...

Den Namen der vorgestellten Pflanzenarten

Informationen zu den benötigten Geräten und der Bewässerung

Angaben zu den besten Zeitpunkten für das Pflanzen und Ernten sowie zur Blütezeit

Angaben zum besten Standort

Ein Garten unter der Lupe

Es gibt die unterschiedlichsten Gärten. Der Gemüsegarten, der Kräutergarten und der bunte Blumengarten sind nur einige davon.

Der Gemüsegarten

Zu den »Hauptpersonen« des Gemüsegartens zählen Tomaten, Salatpflanzen, Zucchini und Kräuter, aber natürlich können hier auch Beerensträucher wachsen. Bunte Blumen sorgen für Farbe oder vertreiben sogar bestimmte Parasiten.

Wichtige Verbündete

Gärten ziehen zahlreiche Tierarten an, darunter auch Schmetterlinge oder Bienen, die die Blüten bestäuben. Anders als viele Leute denken, sind Vögel keineswegs die Feinde des Gärtners. Sie naschen zwar gerne von Kirschen und anderem Obst, vertilgen aber auch Parasiten.

Ein Garten in Töpfen

Ein Balkon, eine Terrasse oder auch ein Fensterbrett eignen sich gut als Standort für einen kleinen Garten in Blumentöpfen. Kräuter, Blumen, und manche Gemüsesorten gedeihen in Töpfen ausgezeichnet.

Der Blumengarten

Was gibt es Schöneres als ein Beet voll mit Blumen, die aufeinander abgestimmt sind oder in allen Farben des Regenbogens blühen ... Viele Gärtner schmuggeln zwischen die Blumen auch dekoratives Gemüse wie etwa Artischocken.

Ganz besondere Gärten

Man kann vieles sammeln, auch Pflanzen: fleischfressende Pflanzen, Bonsais, Kakteen, Orchideen oder andere seltene Pflanzen. Liebhaber hegen und pflegen sie, um sie zu studieren oder einfach nur, um sich an ihnen zu erfreuen.

Was ist eine Pflanze?

Wer als Gärtner Erfolg haben will, sollte sich mit Pflanzen gut auskennen. Hier ein kurzer Steckbrief:

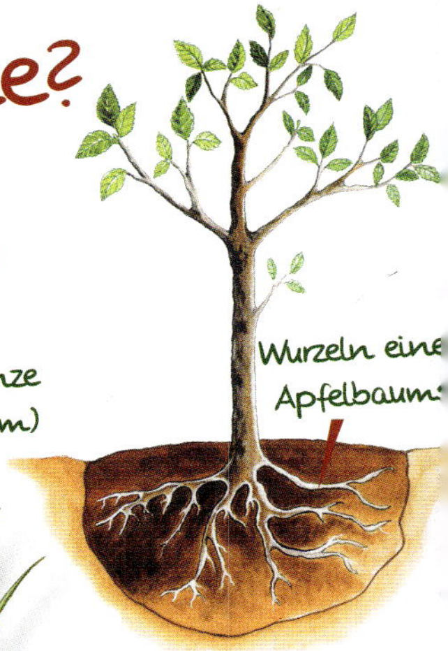

Die Wurzeln

Sie verankern die Pflanze im Boden und versorgen sie mit Wasser und Nährstoffen. Es gibt unterschiedliche Typen von Wurzeln: Zwiebeln, Rhizome (unterirdische Stängel) oder Knollen (Auswüchse einer Wurzel).

Beim Umtopfen oder Umpflanzen musst du stets darauf achten, die Wurzeln nicht zu verletzen. Sind sie beschädigt, kann die Pflanze nicht gut gedeihen.

Der Stängel

Er hält Blätter und Blüten in der für sie günstigsten Position. In seinen feinen Kanälen fließt Pflanzensaft.

Die Befruchtung einer Pflanze erfolgt, indem Pollen von den Staubgefäßen (männliche Organe) zum Stempel (weibliches Organ) gelangen. Dabei spielen Insekten oft eine wichtige Rolle.

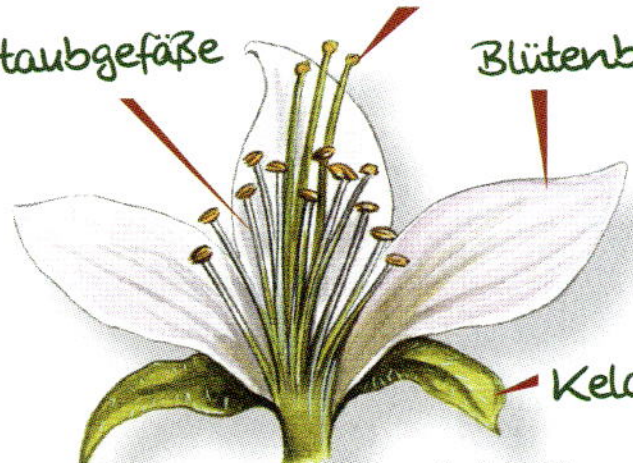

Apfelblüte

Der Samen

Er entsteht durch die Befruchtung einer Pflanze. Häufig ist er von Fruchtfleisch umgeben. Wenn er keimt, entsteht eine neue Pflanze. Du kannst Samen kaufen, aber auch von Pflanzen im Garten gewinnen.

Linde

Die Blätter

Sie nehmen Licht auf und verwandeln durch Fotosynthese Sonnenenergie, Kohlendioxid aus der Luft und Wasser aus dem Boden in Nahrung für die Pflanze. Die Verbindung zwischen Blatt und Zweig nennt man Blattstiel.

Die Nährstoffe im Boden

Laub, Pflanzenteile und andere organische Stoffe zerfallen und reichern dadurch den Boden mit Nährstoffen an. Pflanzen nutzen sie für ihre Ernährung. Durch die Zugabe von Mist, Kompost oder einem anderen Dünger kannst du die Erde in deinem Garten nährstoffreicher machen.

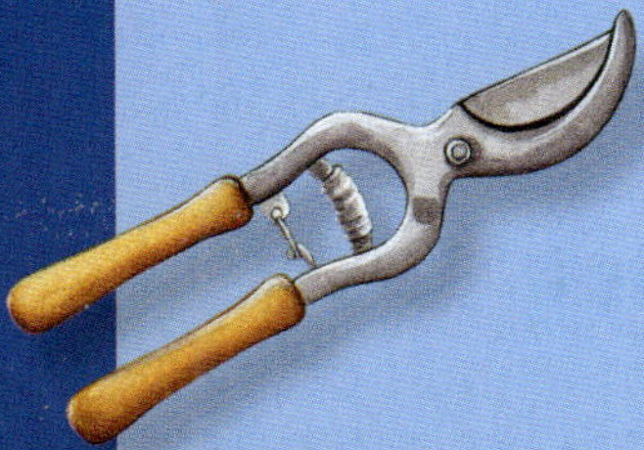

Richtig gärtnern von Anfang an

- Wo Pflanzen gedeihen
- Unverzichtbare Helfer
- Zubehör

Wo Pflanzen gedeihen

Bevor man einen Garten anlegt, sollte man sich genau anschauen, wie das Grundstück beschaffen ist und wie viel Sonne es abbekommt.

kalkhaltiger Boden

Die helleren kalkhaltigen Böden lassen sich gut bearbeiten, wenn sie trocken sind.

feuchter Bode

Feuchter Boden ist reich an Humus Er ist dunkel und enthält große Mengen zerfallener Pflanzenteile

lehmiger Boden

Der klebrige Lehmboden ist schwer und hält Wasser zurück.

Anzeichen

Von der Qualität des Bodens hängt ab, was man auf ihm anbauen kan Wild wachsende Pflanzen zeigen ar wie er beschaffen ist: Farn, Erika und Moos sind typisch für feuchte Böden. Wegwarte, Disteln und Moh gedeihen auf kalkhaltigen Böden. Gänseblümchen, Hahnenfuß und Winden besiedeln Lehmböden. Auf sandigen Böden wächst Ginster seh gut.

Tricks

Stark kalkhaltiger Boden lässt sich durch das Einarbeiten von Mist verbessern. Feuchter Boden wird durch Zugabe von Kalk trockener. Sand, Mist und eine Drainage durch Rinnen, in denen Wasser ablaufen kann, verbessern Lehmboden. Komposterde und Mist machen sandigen Boden nährstoffreicher.

sandiger E

Sandiger Boden ist hell und bildet keine Klumpen.

Der ideale Standort

Die Wahl des richtigen Standorts ist sehr wichtig. Gemüse wächst am besten in Gärten, die mindestens nachmittags viel Sonne haben, braucht aber auch etwas Schatten sowie Feuchtigkeit. An schattigen Stellen gedeihen nur bestimmte Arten. Tomaten oder Zucchini würden im Schatten einer Mauer verkümmern.

Hochkonzentrierte Nahrung

Mithilfe von Kompost kannst du die Bodenqualität stark verbessern. Guten Kompost gewinnt man aus Gartenabfällen (Rasenschnitt, Brennnesseln, zerkleinerten Ästen und Zweigen, Laub). Man sollte allerdings darauf achten, keine kranken Pflanzen dazuzugeben oder Unkraut mit Samen, das sich dann über den Kompost im ganzen Garten ausbreiten würde. Auch manche Küchenabfälle wie Kaffeesatz, Obst- und Eierschalen können auf den Kompost.

Vormittag

Nachmittag

Besorge dir (z. B. über ein Forstamt oder eine Baumschule) 30 Weidenäste von gut 3 m Länge. Hebe zusammen mit einem Erwachsenen einen runden, 50 bis 70 cm tiefen Pflanzgraben aus. Stelle vier Weidenäste als Gerüst auf und binde sie oben mit Hanf- oder Sisalschnur zusammen. Füge nun mit je 40 cm Abstand die übrigen Äste ein. Schütte den Pflanzgraben anschließend zu. Mit Weidenruten kannst du rundherum auf gewünschte Höhe eine »Wand« einflechten, die dein Tipi stabilisiert. Nicht vergessen: In den ersten Wochen täglich gießen, damit die Weiden Wurzeln austreiben.

Unverzichtbare Helfer

Mit den geeigneten Geräten macht die Arbeit im Garten richtig Spaß. Wichtig ist, sie nach dem Einsatz gründlich zu säubern und ordentlich wegzuräumen.

Zur Sicherheit

Gartengeräte haben meist scharfe Kanten und Spitzen. Halte sie beim Gehen stets mit den scharfen oder spitzen Teilen nach unten. Heckenscheren, Astscheren, Sägen und anderes Schneidewerkzeug sollten nu von Erwachsenen benutzt werden.

Der Spaten

Anders als die breitere Schaufel verwendet man den Spaten nur zum Graben von Löchern oder zum Umgra der Erde. Dabei hilft es, einen Fuß auf die obere Kant zu stellen und mit dem Körpergewicht zu belasten.

Die Gabel

Diese vierzinkige Gabel setzt man ein, wenn der Boden für einen Spaten zu steinig, zu hart oder zu lehmig ist. Außerdem kann man mit ihr Erdklumpen zerkleinern und den Boden auflockern.

Der Rechen

Mit seinen vielen Zinken dient der Rechen dazu, den Boden zu lockern und zu glätten. Mit dem Rücken des Rechens bedeckt man Samen mit Erde.

Der Kultivato

Man bearbeitet mit diesem Gerät den Boden, damit er wasser durchlässig wird. Außerdem entfernt man damit große Steine und Unkraut.

Die Jäthacke

Mit diesem Gerät kann man Unkraut entfernen, ohne sich zu bücken. Man zieht es am Stiel zu sich heran, sodass sein Messer das Unkraut abschneidet. Einziger Nachteil: Die Wurzeln bleiben im Boden.

Die Hacke

Mit dem scharfen Messer der Hacke kannst du die harte oberste Bodenschicht aufbrechen, wie mit dem Jäter Unkraut entfernen oder rings um eine Pflanze Erde anhäufeln.

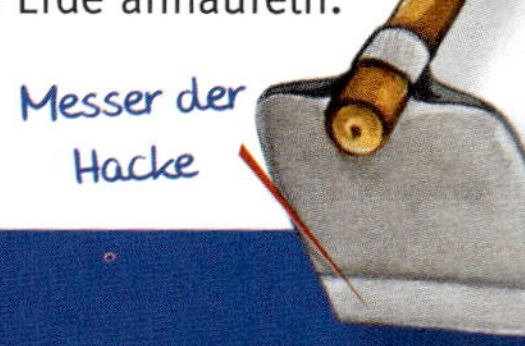

Die Kreuzhacke

Das Messer auf der einen Seite kann wie eine gewöhnliche Hacke verwendet werden. Mit der Spitze lassen sich Rinnen ziehen.

Der Fächerbesen

Er dient vor allem zum Zusammenkehren von Rasenschnitt und altem Laub. Außerdem entfernt man damit Zweige und Kieselsteine aus den Beeten.

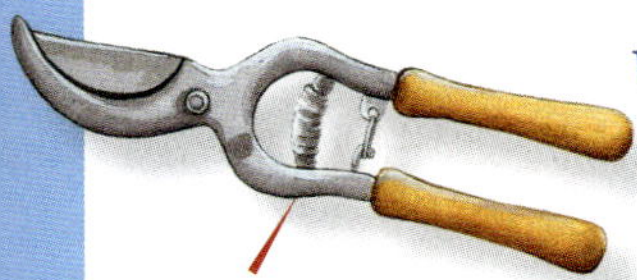

Die Gartenschere

Mit ihr kann man kleinere Äste abschneiden, Blumen-stängel durchtrennen oder Wurzeln kürzen.

Die Blumenkelle

Eine kleine Schaufel, mit der man Löcher für Pflanzen gräbt. Man verwendet sie auch, um Töpfe oder Kästen zu bepflanzen.

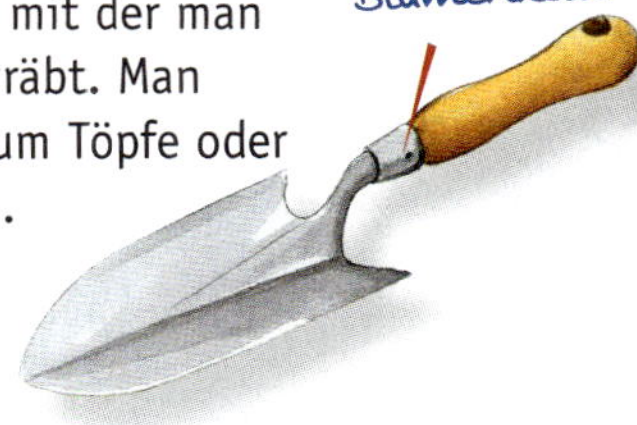

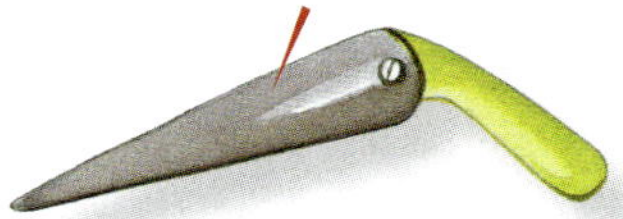

Die Pflanzkelle

Mit der schmalen Kelle drückt man Löcher für Samen oder sehr kleine Pflanzen in den Boden.

Manche Gärtner verwenden anstelle einer Pflanzkelle einen zugespitzten, dicken Ast.

Der Zwiebelpflanzer

Wenn man ihn in die Erde drückt, erhält man ein Loch, das für eine Zwiebel groß genug ist.

Gute Pflege

Bewahre die Gartengeräte an einem trockenen Ort (Garage oder Keller) auf, damit sie nicht rosten. Vergiss auch nicht, sie nach Gebrauch zu reinigen und mindestens einmal im Jahr zu desinfizieren, damit sich durch sie keine Pflanzenkrankheiten verbreiten. Achte darauf, dass Kanten scharf bleiben und Gelenke geölt werden.

Das Unkrautmesser

Die schmale Klinge kann Unkraut-wurzeln unter der Erde durchtrennen. Mit der Spitze lassen sich Löcher für kleine Zwiebeln in die Erde drücken.

Zubehör

Manches Zubehör ist nützlich, anderes sogar unentbehrlich, darunter Blumentöpfe und Gießkanne.

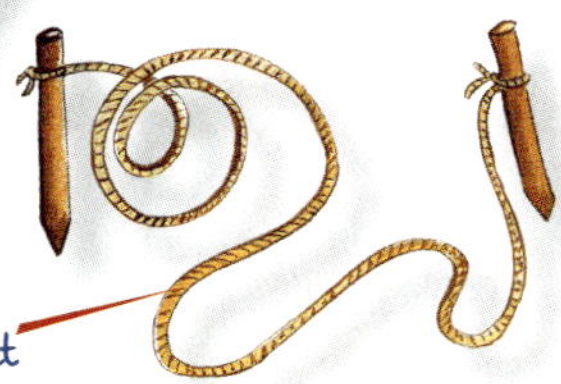

Eine Schnur, die zwischen zwei Holzpflöcken gespannt wird, dient bei der Gartenarbeit als Lineal.

Töpfe und Kästen

Viele Pflanzen fühlen sich in Töpfen, Kästen und Kübeln aus Ton oder Kunststoff wohl. Es gibt sie in unterschiedlichsten Größen. Die allerkleinsten dienen dazu, Pflanzen aus Samen zu ziehen. Häufig sind sie aus dünnem Plastik oder auch aus Torf. Manche Blumenkästen haben Haken für das Balkongeländer.

Winterkleid

Kälteempfindliche Pflanzen schützt man im Winter mit besonderen Decken oder Folien aus dem Fachhandel vor Frost.

Erde, Kompost oder Pflanzen lassen sich in einer Schubkarre gut transportieren.

Gartenmode

Feste Schuhe mit Profilsohlen verhindern, dass man bei der Gartenarbeit ausrutscht. Gartenhandschuhe schützen die Hände vor Dornen und Schnitten.

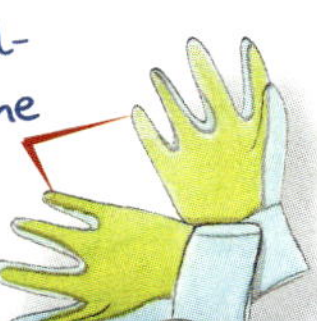

Bambusstäbe eignen sich gut als Pflanzenstützen. Wenn du oben einen »Kopf« aus einer halben Plastikflasche und bunten Plastikstreifen anbringst, dienen sie gleichzeitig auch als Vogelscheuche.

Die Grundlagen

- Den Boden vorbereiten
- Säen
- Pflanzen
- Stecklinge und Ableger
- Gießen
- Pflegen
- Ernten

Den Boden vorbereiten

Vor dem eigentlichen Pflanzen wird der Garten vorbereitet. Der erste Schritt besteht darin, die Erde zu lockern und dafür zu sorgen, dass sie genügend Nährstoffe bietet.

Grabe im Frühjahr oder im Herbst mit einem Spaten oder einer Gabel den Boden ungefähr 30 cm tief um. Dadurch wird er belüftet und gelockert. Bei schweren Böden kann man auch eine Kreuzhacke verwenden.

Nützlicher Spaten

Durch das Umgraben wird die untere Erdschicht Regen, Frost und Tauwetter ausgesetzt. Dabei sterben die Larven schädlicher Insekten.

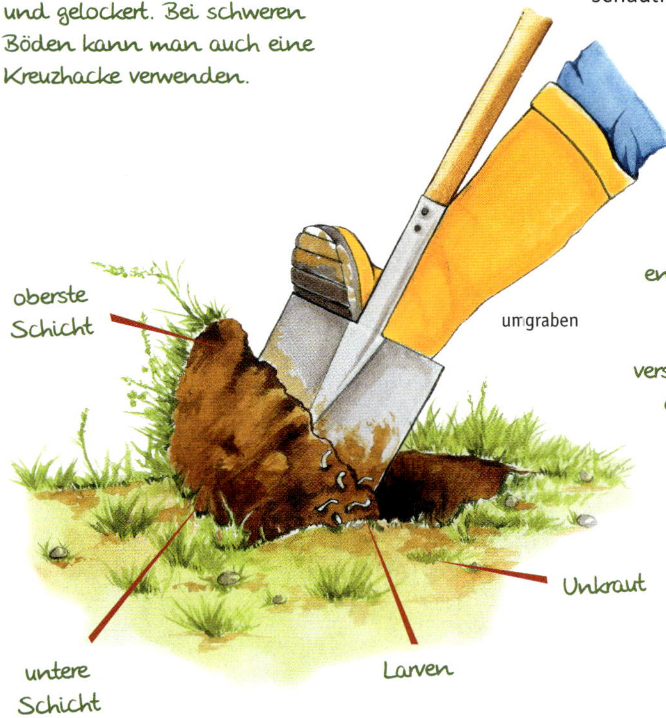

Beim Umgraben entwurzelst du auch das Unkraut. Ziehe es mit der Hand heraus und versuche, die Wurzeln mit dem Unkrautmesser zu erreichen.

Tipps fürs Umgraben

Leichter geht es, wenn du von Anfang an nur kleine Mengen Erde in Angriff nimmst. Sei auch nie zu ehrgeizig: Ein 1 m langer Streifen reicht. Du kannst nicht den ganzen Garten an einem Tag umgraben. Halte den Rücken beim Graben gerade und setze nie zu viel Kraft ein. Handschuhe verhindern, dass du Blasen bekommst.

Gut genährt

Organischer Dünger (Kompost oder mit Stroh vermischter, kompostierter Mist) führt dem Boden auf natürliche Weise Nährstoffe zu. Arbeite ihn im Spätherbst oder früh im Frühjahr beim Umgraben ein, bevor du mit dem Pflanzen beginnst, denn er wirkt nicht sofort (siehe S. 8,9).

vor dem Rechen

Nach dem Umgraben und Düngen wird der Boden mit dem Rechen geglättet. Dabei werden kleine Steine, Zweige und andere Fremdkörper abgesammelt.

nach dem Rechen

Die Erde eines gründlich gerechten Beets ist feinkörnig und locker. Die Oberfläche ist gleichmäßig glatt und das Beet ist unkrautfrei.

Gärten in Töpfen

Bei Topfpflanzen geht man genauso vor, benutzt aber kleineres Werkzeug. Um die Erde in einem Topf zu belüften, genügt oft eine Blumenkelle. Komposterde oder gekaufte Blumenerde braucht nicht gedüngt zu werden.

Säen

Beim Säen legt man Samenkörner auf oder in die Erde, damit sich aus ihnen Pflanzen entwickeln. Größere Körner werden gedibbelt (s. unten).

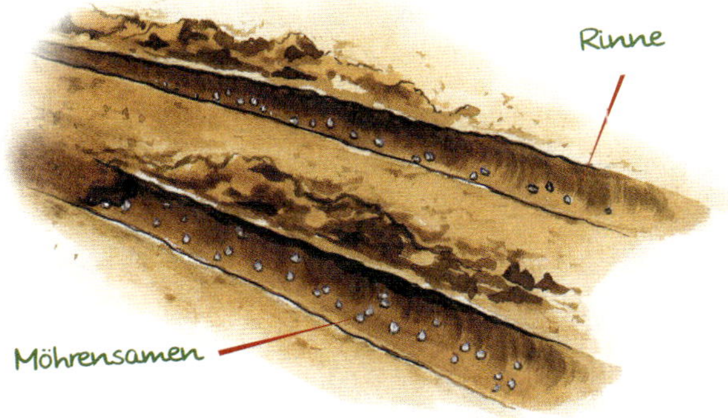

Aussaat in Reihen

Die Samen werden hinterei-nander in eine flache Rinne gelegt. Diese Aussaattechn eignet sich bei vielen Gemi sesorten. Sie spart Platz ur erleichtert die Pflege der jungen Pflanzen.

Wenn sich mehrere junge Pflanzen dicht nebeneinander entwickeln, entfernt man die schwächeren. Auf diese Weise erhält man gesunde Pflanzen.

Dibbeln

Mehrere Samenkörner kommen in ein Loch. So kann man sicher sein, dass wenigstens ein Samen keimt. Die Löcher gräbt man in Reihen oder versetzt.

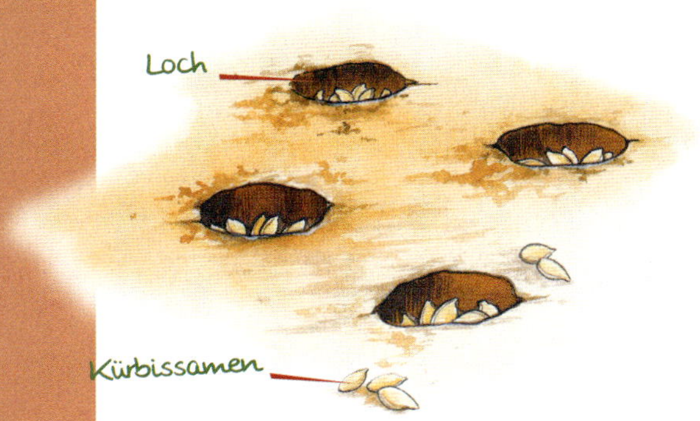

Samen sammeln

Du kannst in deinem Garten auch Samen vom Vorjahr verwenden, die du selbst geerntet hast. Unter ihnen können aber auch Samen sein, die aus Kreuzungen zwischen Pflanzen stammen und nicht fruchtbar sind oder aber nur schwache Pflänzchen hervorbringen.

Auswerfen

Manche Samen werden einfach nur ausgeworfen. Sie keimen dort, wo sie landen. Auf diese Weise sät man Rasen und Wiesenblumen, aber auch bestimmte Gemüsearten wie Radieschen aus.

Vorsicht Frost!

Gesät wird meist im Frühjahr. Dabei besteht die Gefahr, dass die Samen oder die jungen Pflanzen erfrieren oder Frostschäden abbekommen. Denn auch im April und Mai kann es nachts noch frieren. Deshalb schützen kluge Gärtner ihre Pflanzen mit Folien oder ziehen sie in einem Frühbeet.

Bei gekauftem Saatgut sollte man vor dem Aussähen die Anweisungen auf der Verpackung gründlich durchlesen.

Salat im Folientunnel

Aussaat in Schalen oder Töpfchen

Auf diese Weise kann man Pflanzen schon vor der eigentlichen Saison ziehen. Wenn die Frostgefahr vorbei ist, werden sie ins Beet umgepflanzt (pikiert).

Beim Pikieren werden junge Pflanzen ins Freiland umgepflanzt – wie zum Beispiel in ein Gartenbeet. Man verwendet dazu eine Pflanzkelle.

Pflanzen

Man setzt eine Pflanze in die Erde ein, damit sie sich darin weiter entwickeln kann. Im Frühjahr pflanzt man draußen zuerst diejenigen Gewächse, die Frost vertragen. Alle anderen kommen erst später nach draußen oder werden durch Folien, Decken oder Ähnliches geschützt.

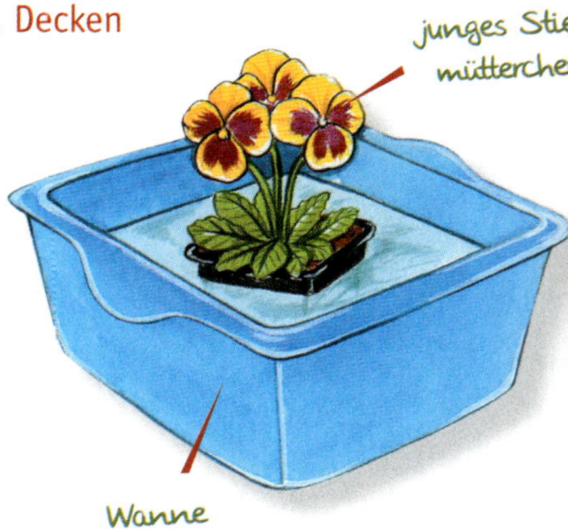

❶ Willst du Pflanzen umsetzen, die du in Plastiktöpfen gekauft hast, dann stelle sie vorher ins Wasser. Auf diese Weise werden sie beim Umpflanzen nicht beschädigt.

❷ Klopfe behutsam die Erde von der Wurzel.

❸ Setze die Pflanze in das zuvor gegrabene Loch. Achte darauf, dass die Pflanze ganz gerade ist und nicht tief im Loch steht.

❹ Fülle das Loch wieder mit Erde. Alle oberhalb der Wurzel liegenden Pflanzenteile müssen über der Erde bleiben.

❺ Drücke anschließend die Erde behutsam mit den Händen oder dem Fuß rings um die Pflanze fest, ohne die Stängel zu beschädigen.

Topfpflanzen

Man setzt sie genauso um wie Freilandpflanzen. Damit sie später keine nassen Wurzeln bekommen, gibt man zuunterst eine Schicht Kieselsteine in den Topf. Man kann im Topf auch Wildpflanzen oder Kräuter wie Minze oder Zitronenmelisse ziehen. Dafür muss man sie nur vorsichtig ausgraben und viel »alte« Erde an ihrer Wurzel lassen.

❻ Nimm die Brause von der Gießkanne und gieße die Pflanze durch die Tülle, ohne die Blätter nass zu machen. So bleibt deine Pflanze gesund und bekommt keine gelben Blätter.

Töpfe aus Torf

Pflanzen, die in Töpfen aus Torf gezogen wurden, braucht man nicht umzutopfen: Man stellt sie einfach mitsamt dem Topf in ein genügend großes Loch. Der Topf zerfällt mit der Zeit. Töpfe aus Torf eignen sich besonders für Pflanzen mit empfindlichen Wurzeln wie Mohnblumen und Malven.

Gut zu wissen

Ins Freiland umsetzen sollte man Pflanzen nur am Nachmittag oder bei bewölktem Himmel, damit sie nicht unter der Hitze leiden. Wenn du sie nicht gleich nach dem Kauf einpflanzen kannst, stelle sie an einen schattigen Ort und gieße sie gründlich.

Stecklinge und Ableger

Pflanzen vermehren sich durch Samen (geschlechtliche Fortpflanzung). Manche aber können sich zusätzlich auch noch ungeschlechtlich fortpflanzen, weil Teile von ihnen (Stängel, Wurzeln, Blätter oder Ableger) Wurzeln bilden und sich zu neuen Pflanzen entwickeln können.

Ein kleines Gewächshaus für den Steckling

Stülpe einen durchsichtigen Plastikbeutel über den Topf mit dem Steckling und fixiere ihn mit einem Gummiband. Nimm den Beutel nur zum Gießen ab und gieße sparsam. Auf diese Weise entsteht ein feuchtes Mikroklima, in dem dein Pflänzchen gut gedeihen kann.

Blattsteckling

Bei bestimmten Pflanzen wie Begonien klappt die Vermehrung durch Blattsteckling gut.

Wenn du den Stängel einer (nicht blühenden) Grünpflanze abschneidest und ihn ins Wasser stellst, entwickeln sich Wurzeln. So erhältst du einen Steckling, den du einpflanzen kannst. Probiere es mit einer Dreimasterblume aus – es geht ganz einfach!

Stängelsteckling

Die Wurzelbildung wird unterstützt, wenn man die unteren Blätter entfernt und die oberen halbiert.

Ein alter Gärtnertrick

Lege ein Stück Holzkohle ins Wasser. So bleibt es sauber und fault nicht.

Einfach und billig

Wer sich mit der Stecklingsvermehrung gut auskennt, kann viel Geld sparen. Am besten eignen sich für diese Technik Zimmerpflanzen, aber auch zahlreiche Arten von Sträuchern.

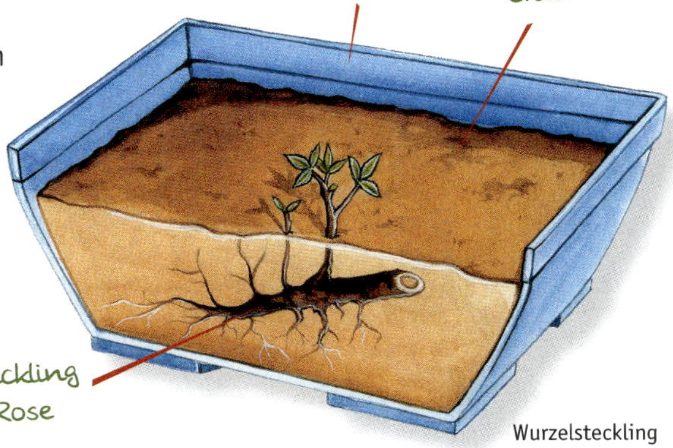

Wurzelsteckling

Schneide im Winter ein Stück von der Wurzel eines Rosenstrauchs ab und pflanze es in eine Schale voller Erde. Aus dem Wurzelsteckling wird sich ein neuer Strauch entwickeln.

Erdbeerenableger

Grabe auf der Höhe des Ablegers einen Topf voller Erde ins Beet ein, befestige den Ableger darauf und warte, bis er Wurzeln bildet. Danach kannst du den Stängel, der ihn mit der Mutterpflanze verbindet, durchschneiden und den Ableger anderswo einpflanzen.

Absenken

Dadurch vermehrt man Pflanzen mit biegsamen Zweigen wie Rosen oder Weinreben. Man gräbt dazu einen noch mit der Mutterpflanze verbundenen Zweig ein, damit er Wurzeln bekommt.

Was ist ein Ableger?

Manche Pflanzen bilden besondere Stängel aus, die über dem Boden verlaufen und an denen sich Ableger oder Ausläufer entwickeln. Dies ist zum Beispiel bei Erdbeeren und Grünlilien der Fall.

Gießen

Wie alle anderen Lebewesen benötigen auch Pflanzen Wasser zum Überleben. Wenn du dich näher damit beschäftigst, merkst du, dass Gießen gar nicht so einfach ist, denn es gibt verschiedene Methoden.

Wasser ist kostbar

Gieße nur, wenn es wirklich notwendig ist. An heißen Tagen ist es am sinnvollsten, abends oder früh am Morgen zu gießen, weil sonst tagsüber zu viel verdunstet. Wenn du die Erde zwischen den Pflanzen mit Stroh abdeckst, bleibt sie länger feucht.

Die Gießkanne sollte nicht zu groß sein, denn sonst wird sie zu schwer, wenn sie mit Wasser gefüllt ist.

Gießen durch die Tülle: Man nimmt vor dem Gießen die Brause ab. Dadurch kann man die Pflanzen an der Wurzel bewässern, ohne die Blätter nass zu machen. Nasse Blätter sind ein Krankheitsrisiko.

Die richtige Temperatur

Das Gießwasser darf nicht eiskalt sein, denn das mögen die Pflanzen gar nicht! Nach Möglichkeit sollte man das Wasser vor dem Gießen eine Weile lang in einem Fass oder in der Kanne stehen lassen, damit es die Temperatur der Umgebung annimmt.

Gartenschlauch

Der an einen Wasserhahn angeschlossene Schlauch ist unentbehrlich, um große Flächen zu bewässern und um Pflanzen zu gießen, die sehr viel Wasser brauchen. Mithilfe bestimmter Aufsätze (Rasensprenger und Ähnliches) wird der Gartenschlauch zu einer Bewässerungsanlage.

Und die Bäume?

Erwachsene Bäume braucht man nicht zu gießen: Ihre langen Wurzeln holen das Wasser aus tieferen Erdschichten herauf.

Gießen durch die Brause: Dabei werden die Pflanzen regelrecht beregnet. Diese Methode eignet sich besonders für die Saat und junge Pflanzen. Bei großen Flächen setzt man den Gartenschlauch mit einem geeigneten Aufsatz ein.

Bewässerung über Rinnen: Auf einem Beet werden zwischen den Pflanzen Rinnen gegraben. Das Wasser aus Gartenschlauch oder Gießkanne fließt in den Rinnen an den Pflanzen vorbei und versickert an ihren Wurzeln. Dies funktioniert allerdings nur, wenn das Beet eine leichte Neigung aufweist, weil es zum Beispiel an einem Hang liegt.

Automatische Bewässerung

Es gibt zahlreiche Systeme, die Flächen selbstständig bewässern. Sogenannte Regner lassen sich an Gartenschläuche anschließen. Sie sprengen feine Wasserstrahlen. Es gibt auch Regner, die hin und her schwenken oder sich um die eigene Achse drehen.

Wenn du mal verreisen willst …

Gerade im Hochsommer müssen Pflanzen regelmäßig gegossen werden. Aber was tut man, wenn man in Urlaub fahren will? Zimmer- und andere Topfpflanzen lassen sich gut durch einen selbst gebastelten Wasserspeicher bewässern: eine Wasserflasche mit einer Düse (siehe S. 38). Gieße die Pflanzen niemals »auf Vorrat«: Ihre Wurzeln könnten verfaulen.

Pflegen

Pflanzen lassen sich auf einfache und ökologisch verträgliche Weise vor Krankheiten und Parasiten schützen. Es ist weder schwierig noch teuer, schöne und gesunde Blumen, Bäume und Topfpflanzen zu erhalten.

Rose

Um der Blattlausplage vorzubeugen, kannst du auch ein »Hotel« für Marienkäfer bauen. Die Larven dieser Insekten ernähren sich von Blattläusen. Rosen und andere Pflanzen werden häufig von Blattläusen befallen. Um sie loszuwerden, brauchst du die Pflanze nur mit einer Mischung aus Leitungswasser und Geschirrspülmittel zu waschen: Die Läuse bleiben an der Pflanze kleben und sterben.

Dein Marienkäferhotel

Einen Unterschlupf für Marienkäfer zu bauen, ist nicht schwer. Bitte einen Erwachsenen, an einem Holzklotz ein Dach aus kleinen Brettern zu befestigen und Löcher in den Klotz zu bohren. Klemme zwischen Holz und Dach hohle Schilfstängel ein. In den Löchern und Stängeln können die Insekten überwintern. Mit etwas Glück werden sie in der Nähe ihre Eier ablegen.

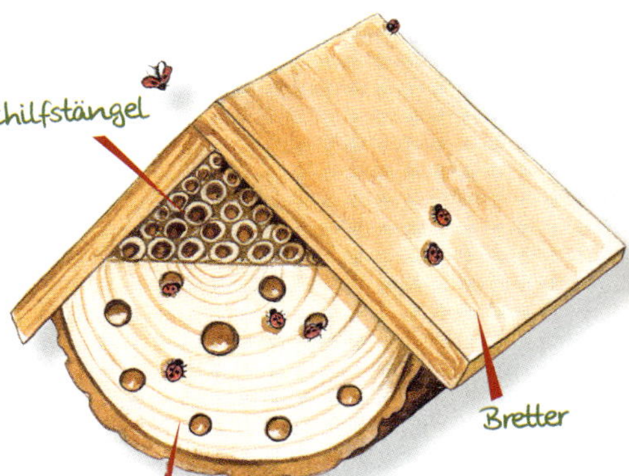

Mein Salat ist krank!

Wenn eine junge Salatpflanze welk aussieht, obwohl du sie gießt, könnte es sein, dass Käferlarven ihre Wurzeln gefressen haben. Damit so etwas nicht passiert, kann man in das Pflanzloch zusammen mit der Pflanze ein Schädlingsbekämpfungsmittel geben. Aber ökologischer ist es, im Garten Nistkästen für Vögel aufzuhängen, die Käferlarven fressen. Lockere außerdem im Herbst die Erde im Beet, damit die Parasiten im Winter durch den Frost sterben.

vergilbte Grünlilie

welker Salat

Manchmal werden die Blätter von Zimmerpflanzen gelb – meist ein Zeichen dafür, dass sie zu viel gegossen wurden! Kippe das überschüssige Wasser weg, warte bis die Erde im Topf trockener geworden ist und gieße seltener.

Nacktschnecken haben die Blätter von Gemüsepflanzen und besonders Salat zum Fressen gern. Für eine bewährte Schneckenfalle brauchst du nur einen tiefen Teller, den du mit Bier füllst und ins Beet stellst. Die Schnecken werden darin ertrinken. Du kannst aber auch rings um die Pflanzen Asche ausstreuen.

Ausschneiden

Ganz wichtig ist auch, Pflanzen regelmäßig auszuschneiden. Dabei entfernt man abgestorbene Äste und Zweige oder solche, die ins Innere der Pflanze wachsen. Verwelkte Blüten und Blätter werden ebenfalls regelmäßig abgeschnitten.

Umtopfen

Wenn es Topfpflanzen in ihrem Topf zu eng wird, musst du sie umsetzen. Bei größeren Pflanzen ist das alle zwei oder drei Jahre nötig, bei kleineren und jungen Pflanzen macht man es einmal im Jahr. Die beste Zeit dafür ist der Frühling, doch manche Gärtner nutzen lieber den Herbst.

Ernten

Für den Gärtner ist die Zeit der Ernte die schönste im Jahr: Endlich wird er für Arbeit und Mühe belohnt. Hier ein paar Tipps, wie man herausfindet, ob etwas schon reif ist.

Äpfel

Ist der Apfel oder die Birne schon reif? Nimm die Frucht in die Hand und drehe sie leicht. Löst sie sich dabei vom Baum, ist sie reif.

Tomate

Tomaten pflückt man, wenn sie schön rot, aber noch fest sind. Schneide mit der Gartenschere die Stiele durch, an denen sie hängen.

Radieschen wachsen schnell. Wenn du siehst, dass der obere Teil dick und aus der Erde herausgewachsen ist, kannst du sie herausziehen. Warte nicht zu lange, denn sonst schmecken sie zu scharf.

Radieschen

Noch ein Tipp

Für die Gemüseernte eignet sich am besten ein Weidenkorb. Verwende für Erdbeeren und Himbeeren immer eine Schale.

Kartoffeln sind reif, wenn die Pflanze gelb wird. Erntest du die Kartoffeln, gleich nachdem ihre Blüten verblüht sind, erhältst du Frühkartoffeln. Wasche sie und lasse sie trocknen, bevor du sie an einem dunklen, kühlen Ort lagerst.

Kartoffeln

Blumen pflücken

Damit du lange an ihnen Freude hast, solltest du Blumen in die Vase stellen, bevor sie sich ganz geöffnet haben. Schneide die Stängel schräg ab und bitte deine Eltern, ein Stückchen Aspirin ins Blumenwasser zu geben: So bleiben sie länger frisch.

Obst und Gemüse

Der Gemüsegarten

Der Gemüsegarten belohnt seinen Gärtner mit leckerem, selbst gezogenem Obst und Gemüse.

Achtung bei der Pflanzenwahl, denn manche Arten vertragen sich nicht mit anderen: Bohnen mögen keine Zwiebeln, Erdbeeren keine Tomaten und Petersilie darf man nicht neben Kopfsalat pflanzen.

Eine gute Ehe

Manche Arten wiederum passen gut zueinander, wie etwa Erdbeeren und Zwiebeln. Zwiebeln beschränken die Ausbreitung der Schimmelpilze, die Erdbeeren bedrohen.

Pflanze alles in ordentlichen Reihen und reserviere eine Ecke deines Gemüsegartens für die Kräuter.

Gartenfreuden

Jeder Gärtner legt seinen Garten entsprechend seinen Bedürfnissen an. Der eine will seine Familie mit frischem Gemüse versorgen, der andere baut vor allem Heilkräuter an. Wieder anderen ist es vor allem wichtig, dass ihr Garten besonders schön oder originell aussieht.

Bastle dir eine Vogelscheuche. Sie verhindert, dass die Vögel Früchte und Salat anfressen.

Gemüsegarten in Miniatur

Ein Gemüsegarten beansprucht nicht unbedingt viel Platz. Man kann ihn sogar auf einem Balkon anlegen. Im Handel sind Obst- und Gemüsepflanzensorten erhältlich, die eigens für den Anbau in Töpfen gezüchtet wurden.

Minikürbisse

Minikürbisse der Sorte »Jack be little« gedeihen am besten am Fenster (siehe S. 35).

Gegärtnert wird auf dem Balkon genauso wie in einem größeren Gemüsegarten - nur dass die Pflanzen in Töpfen wachsen.

Pflegeleicht

Zu den Pflanzen, die auf einem Balkon am besten gedeihen, zählen Tomaten, Erdbeeren, Minze und einige andere Kräuter, Zucchini, Radieschen und Schnittsalate (das sind Salatpflanzen, bei denen man nur die Blätter abschneidet und die Wurzel im Boden lässt, sodass neue Blätter nachwachsen können).

Im Topf gezogenes Gemüse muss öfter gegossen werden. Außerdem muss man die Erde gut düngen.

Salatpflanzen

Kopfsalat, Frisée- oder Endiviensalat, Zichorie und viele mehr kann man als junge Pflanzen kaufen oder selbst aus Samen ziehen.

- Du brauchst: Blumenkelle, Kultivator, Rechen, Folie, Jäter, Schnur
- Regelmäßig gießen, vor allem im Sommer

Aussaat

Um im Frühjahr und Sommer Salat zu haben, kannst du die Samen ab Januar/Februar in Schalen mit Erde aussäen. Sobald sich die ersten drei Blättchen zeigen, werden die Pflanze pikiert, das heißt, man pflanzt sie weiter auseinander, damit sie Platz zum Wachsen haben. Wenn sie kräftiger sind, kannst du sie in den Garte umsetzen. Schütze sie aber zunächst noch mit Folie vor Frost. Winterharte Sorten pflanzt man im Sommer aus.

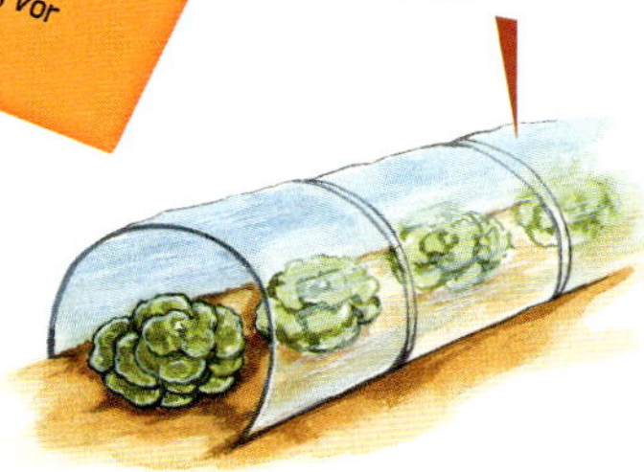

Salat ist pflegeleicht, wird aber gerne von Schädlingen befallen, vor allem von Nacktschnecken. Streue rings um die Pflanzen Asche, das hält sie fern (siehe S. 25).

Vergiss nicht, den Salat regelmäßig zu gießen!

Das Pflanzen

Ab Mitte Mai kannst du gekaufte junge Pflanzen direkt in dein Beet setzen – in Reihen oder versetzt.

- Aussaat ab Januar/Februar für Frühlings- und Sommersalat, ab Juni/Juli für Wintersalat
- Anfangs viel Sonne, später Halbschatten
- Leichter Boden, reich an organischen Stoffen

Tomaten

Die Königin des Gemüsegartens stellt keine großen Ansprüche: Sie braucht nur viel Sonne und nicht allzu viel Regen.

Das Einpflanzen

Um gesunde Tomatenpflanzen zu erhalten, die später viele Früchte tragen, kaufst du am besten 15 cm hohe Pflanzen in Anzuchttöpfchen. Setze sie in Reihen und lasse dabei zwischen den Pflanzen und den Reihen jeweils 80 cm Abstand.

- Du brauchst: Blumenkelle, Pflanzenstützen, Kultivator, Jäter
- Im Sommer regelmäßig gießen, ohne dass die Blätter nass werden

Vermische die Erde vor dem Pflanzen mit gut kompostiertem Mist.

Tomatenpflanzen müssen von Anfang an abgestützt werden.

Solche Triebe kannst du entfernen.

Das Ausgeizen

Um die Entwicklung der Blüten und später der Früchte zu fördern, entfernt man bei den Tomatenpflanzen Nebentriebe. Lasse oberhalb der Blüten ein oder zwei Blätter stehen und knipse mit den Fingern die Triebe ab, die aus Blattachseln wachsen.

Besonders im Hochsommer ist Gießen sehr wichtig. Grabe rings um die Pflanze eine Kuhle, damit das Wasser direkt zu den Wurzeln gelangt, und lege sie mit Stroh aus.

- Umsetzen in den Garten ab Mitte Mai
- Ernte von Juli bis September oder Oktober
- Braucht viel Wärme und möglichst ganztägig Sonne
- Leichter, eher sandiger und nährstoffreicher Boden

Zucchini

In Gärtnereien oder auf dem Markt kann man junge Pflanzen kaufen. Nach den letzten Frösten im Mai werden sie mit je 1 m Abstand in den Garten gesetzt. Unten um das Pflanzloch etwas Komposterde geben.

Zucchini

- Du brauchst: Blumenkelle, Gießkanne, Jäter (für Gurken Pflanzenstützen oder Spalier)
- Im Sommer regelmäßig an der Wurzel gießen

Rankende Zucchini müss
ausgegeizt werden. Schnei
dazu die Enden der Rank
hinter dem zweiten Blatt na
der Frucht a

Die Blüten sind essbar und schmecken frittiert oder gefüllt ganz köstlich. Pflücke nur die männlichen Blüten, denn sie bringen keine Früchte hervor.

Und die Gurken?

Gurken pflanzt man wie Zucchini nach dem Frost in den Garten und erntet die Früchte, wenn sie eine gewisse Größe erreicht haben. Lasse sie an einem Spalier ranken. Das sieht hübsch aus und spart viel Platz im Beet.

Je nach Sorte sind die Früchte länglich oder rundlich.

- Umsetzen in den Garten ab Mitte Mai
- Ernte von Juli bis September
- Braucht viel Wärme und möglichst ganztägig Sonne
- Leichter, gut drainierter und humusreicher Boden

Bohnen

Sie gehören auf jeden Fall in einen Gemüsegarten. Wenn man die Aussaat staffelt, kann man ab Ende Juni je nach Sorte jede Woche oder sogar alle paar Tage Bohnen ernten.

- Du brauchst: Rechen, Hacke, Kultivator, Stützen für Stangenbohnen, Schnur
- Ab der Blüte und nach jeder Ernte reichlich gießen

Buschbohnen

Ziehe gerade, parallele Furchen mit 40 cm Abstand zueinander und lege alle 30 cm vier bis fünf Samen hinein. Bedecke sie dünn mit Erde und glätte das Beet anschließend mit dem Rücken des Rechens. Gieße danach durch die Brause.

Rankende Sorten

Bei ihnen muss der Abstand zwischen den Reihen breiter sein. Außerdem benötigen sie Pflanzenstützen.

Ein Gärtnertrick: Weiche die Samen am Vorabend vor der Aussaat ein. So werden sie weich und keimen leichter.

Nicht verwechseln!

Bei den einen Bohnensorten (u. a. Prinzessbohne und gelbe Wachsbohne) isst man die Schote mit, bei den Körnerbohnen isst man nur die Samen.

- Aussaat von Mai bis August
- Regelmäßige Ernten von Juli bis September
- Braucht viel Wärme und möglichst ganztägig Sonne
- Leichter, feuchter Boden

Radieschen

Ebenso wie Möhren brauchen Radieschen einen leichten, sandigen Boden ohne Steine. Beide Arten werden auf die gleiche Weise angebaut, aber Radieschen wachsen schneller.

- Du brauchst: Jäter, Rechen, Kreuzhacke für die Möhren
- Regelmäßig gießen

❶ Die Radieschensamen werden in einer Ecke des Gemüsegartens ausgestreut. Wenn du sie ab April jede Monat aussäst, kannst du alle drei Wochen ernten.

❷ Wenn sich die ersten zwei oder drei Blättchen zeigen, musst du die Pflanzen pikieren. Lass zwischen ihnen 5 cm Abstand.

❸ Gieße regelmäßig und jäte immer wieder zwischen den Reihen.

Hmmm, Möhren!

Möhren (auch: Karotten) kann man zwischen April und Juli immer wieder aussähen. Ziehe dazu Reihen in 25 cm Abstand und lege die Samen hinein. Bedecke sie mit etwas Erde und glätte das Beet mit dem Rücken des Rechens. Gieße sie mit der Brause. Nach 10 bis 15 Tagen und dann wieder nach drei Wochen werden die Pflänzchen pikiert, sodass sie zueinander 10 cm Abstand haben.

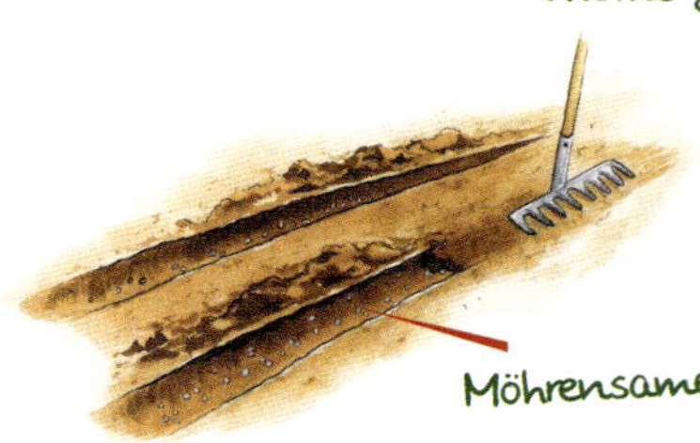

- Aussaat der Radieschen von April bis September
- Ernte von Mai bis November
- Sonniger Standort, aber bei Hitze Schatten
- Lockere Mischung aus Sand und Komposterde ohne kleine S

Kürbisse

Aus den verschiedenen Sorten lassen sich leckere Suppen und andere Gerichte zubereiten. Außerdem kann man in die Kürbisse lustige, gruselige Gesichter für Halloween schnitzen.

- Du brauchst: Blumenkelle, Glocken aus Glas oder Plastik, Kultivator, Jäter
- Regelmäßig gießen, vor allem im Sommer

❶ Grabe in je 2 m Abstand 5 cm tiefe Löcher und lege zwei bis drei Samen hinein. Bedecke sie mit Erde, drücke sie an und gieße.

❸ Lege die reifenden Früchte auf ein Brett, um Fäulnis vorzubeugen.

❷ Schütze die Pflanzen in Frostperioden mit Glocken.

Nicht verwechseln!

Man unterscheidet zwei Typen: Speisekürbisse und Zierkürbisse. Die Zierkürbisse sind meist sehr klein, mehrfarbig und interessant geformt. Für den Verzehr sind sie nicht geeignet. Iss auch keine bitter schmeckenden Kürbisse!

Wenn bei starker Hitze viel gegossen werden muss, ist auch entsprechend zu düngen. Vergiss nicht, den Boden mit Stroh abzudecken, damit er länger feucht bleibt.

- Aussaat im April/Mai
- Ernte im September/Oktober
- Viel Wärme und möglichst ganztägig Sonne
- Leichter, humusreicher und gut drainierter Boden

Kartoffeln

König Friedrich II. setzte sich im 18. Jahrhundert in Preußen nachdrücklich für den Anbau der Kartoffel ein. Mittlerweile haben wir uns so sehr an sie gewöhnt, dass viele Leute glauben, es hätte sie bei uns in Europa schon immer gegeben. Tatsächlich stammt sie aus Südamerika.

- Du brauchst: Hacke, Gabel, Blumenkelle
- Gieße nur bei trockenem Wetter einmal pro Woche

Zeit für die Ernte

Sobald das Laub zu welken beginnt, kannst du ernten. Grabe die Pflanzen mit einer Gabel aus (siehe S. 26).

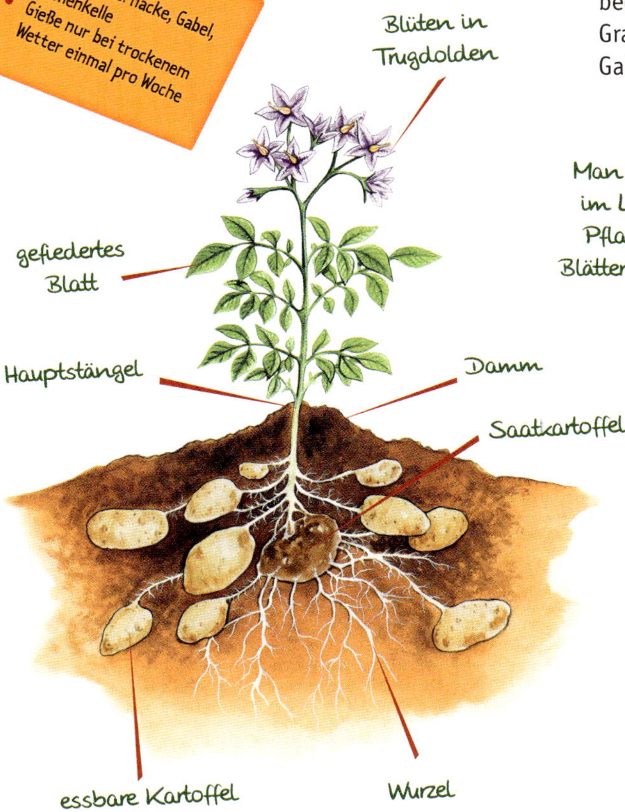

Man isst nur die Knollen, die im Laufe der Entwicklung der Pflanze immer größer werden. Blätter und Stängel sind giftig.

Das Pflanzen

Nichts ist einfacher, als Kartoffeln zu setzen. Lege die vorgekeimten Saatkartoffeln in Abständen von 50 cm in 20 cm tiefe Pflanzlöcher. Decke sie mit Erde zu, aber drücke diese nicht an und gieße auch nicht.

Kartoffeln gießt man nur, wenn es lange Zeit nicht geregnet hat. Dafür muss man regelmäßig Unkraut jäten und um die wachsenden Pflanzen einen Damm anhäufeln.

- Pflanzen im April/Mai
- Ernte von Juli bis September
- Mildes Klima ohne starke Hitze, Sonne
- Leichter sandiger Boden (darf nicht feucht und lehmig sein)

Lauch

Lauch (auch: Poree) ist anspruchslos und lässt sich ebenso wie Zwiebeln leicht ziehen. Geerntet werden beide mithilfe einer Gabel. Solange es nicht friert, kann man den Lauch auch noch im Winter im Garten lassen.

- Du brauchst: Jäter, Gabel, Blumenkelle für das Pikieren, Schnur
- Regelmäßig gießen

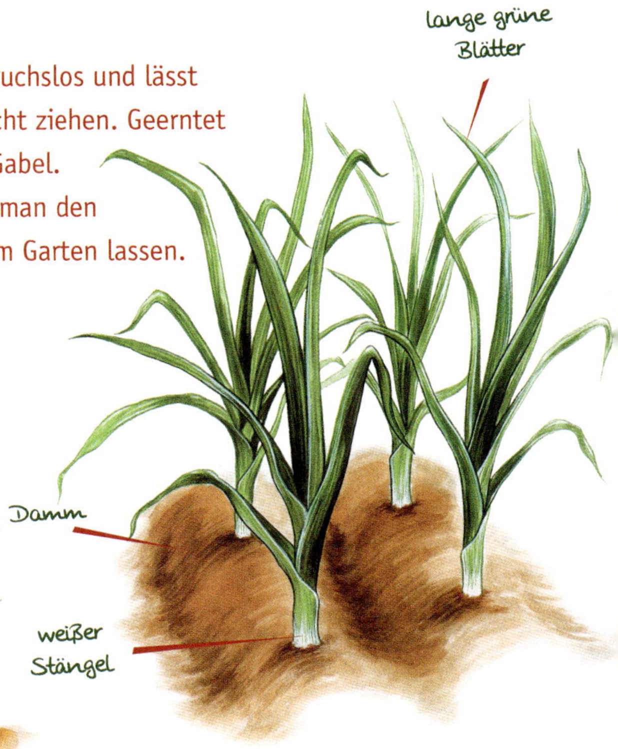

Häufe mit dem Jäter um die wachsenden Lauchstängel einen Damm auf und gieße sie.

Am einfachsten ist es, wenn du junge Pflanzen kaufst und in Abständen von 20 cm einpflanzt. Schneide zuvor die Spitzen von Blättern und Wurzeln ab.

Die Zwiebeln

Im Frühling kannst du in einer sonnigen Ecke des Gartens Zwiebelsamen auswerfen. Die Aussaat im Herbst erfolgt in Schalen. Das Pikieren mit einer Pflanzkelle nimmt man vor, wenn die Pflänzchen so dick wie ein Bleistift sind. Dabei schneidet man vor dem erneuten Einpflanzen die Spitzen von Wurzeln und Blättern ab. Lasse zwischen den Zwiebeln 20 cm Abstand. Gieße sie nur wenig. Geerntet wird von Februar bis September.

- Aussaat in Schalen ab Februar; umsetzen der jungen Pflanzen im Mai/Juni
- Ernte von Juli bis zum Winter
- Gedeiht auch in rauem Klima, braucht aber Sonne
- Fruchtbarer, sandiger und lockerer Boden

Kräuter

Kräuter riechen gut und verleihen vielen Gerichten eine besondere Note. Wenn man sie auf dem Balkon oder auf dem Fensterbrett zieht, hat man sie immer zur Hand.

- Du brauchst: Blumenkelle, Kleinhacke, Töpfe, Blumenkästen
- Regelmäßig gießen (Thymian und Schnittlauch seltener)

Entferne Knospen, sobald sie erscheinen!

Ziehe Thymian in einem eigenen Topf, da er weniger Wasser verträgt.

Wasser!

Im Topf oder Blumenkasten trocknet die Erde schneller aus als im Beet. Belüfte öfter mithilfe einer Kleinhacke die Erde. Wenn du in Urlaub fährst, kannst du vorher eine gefüllte Wasserflasche kopfüber ins Beet stecken. Sie muss mit einer Düse versehen sein, die du im Fachhandel erhältst (siehe S. 23).

- Aussaat in Schalen im März/April
- Ernte drei Monate nach Aussaat (aber vor der Blüte)

Petersilie mit Früchten

Am Ende der Saison kannst du die Samen deiner Kräuter ernten, um sie im folgenden Jahr auszusäen.

So wird's gemacht

Am einfachsten ist es, wenn du dir die Kräuter als Topfpflanzen kaufst und sie in einen Blumenkasten umsetzt. Lege zuvor den Boden mit Kies aus und gib Pflanz- oder Komposterde darüber. Verteile dann die Pflanzen, fülle die Lücken mit Erde, drücke sie an und gieße.

Im Winter kannst du die Kräuter im Haus auf sonnigen Fensterbänken ziehen.

Dill, Rosmarin und Koriander

Du kannst in deinem Kräutergarten auch noch andere Arten unterbringen: zum Beispiel Dill, Rosmarin und Koriander. Koriander sät man im April. Seine Blätter ähneln denen der glatten Petersilie, aber er schmeckt ganz anders. Dill gehört derselben Familie wie Koriander an. Man zieht ihn zur selben Zeit und er passt gut zu Fisch. Rosmarin ist ein Strauch aus dem Mittelmeerraum. Er hat es gerne trocken und warm und gedeiht gut im Topf. Du kannst ihn im Frühjahr pflanzen oder aussäen und Fleischgerichte damit würzen.

- Sonnige Standorte – außer für Petersilie, die Schatten benötigt.
- Die meisten Kräuter brauchen einen feuchten, humusreichen Boden. Thymian liebt leichte, trockenere Erde.

Erdbeeren

Erdbeeren passen in jeden Garten. Wenn ihnen der Boden genügend Nährstoffe bietet, wachsen sie praktisch von alleine und tragen Unmengen von Früchten.

Leicht zu pflanzen

Die beste Methode: Kaufe jung Erdbeerpflanzen und stelle sie vor dem Umsetzen in eine Wanne mit Wasser. Grabe in Abständen von 40 cm Pflanzlöcher, in die du unten etwas Komposterde gibst. Drücke nach dem Einpflanzen die Erde an und gieße die Pflanzen.

- Du brauchst: Blumenkelle, Wanne, Spalier für rankende Arten, Jäter
- Regelmäßig gießen
- Spezialdünger für Erdbeere

Dünge die Erdbeeren zu Beginn der Wachstumsperiode (März/April) und zur Vorbereitung der nächsten Saison noch mal im Herbst.

Entferne regelmäßig das Unkraut. Erdbeeren brauchen viel Wasser. Wenn du den Boden unter den Pflanzen mit Stroh ausstreust, brauchst du nicht ganz so oft zu gießen.

Erdbeeren lassen sich durch Absenken vermehren (siehe S. 21).

Vielfalt der Sorten

Man unterscheidet zwischen Sorten, die nur einmal oder mehrmals pro Sommer Früchte hervorbringen. Außerdem gibt es besondere Züchtungen, die Ranken bilden und an einem Spalier hochwachsen können.

- Pflanzzeit von April bis November
- Ernte im Sommer
- Gemäßigtes Klima, sonniger Standort
- Feuchter, gut drainierter und nährstoffreicher Boden

Himbeeren

Wer Himbeersträucher gut pflegt, wird den ganzen Sommer über mit köstlichen Früchten belohnt.

Die Pflege

Schneide nach der Ernte die Ranken ab, die Früchte getragen haben (außer bei mehrmals tragenden Sorten).

- Du brauchst: Blumenkelle, Gartenschere, Pflanzenstützen, Kultivator
- Regelmäßiges Gießen, vor allem bei Trockenheit

Ebenso wie Brombeeren sind Himbeeren Dornensträucher.

Himbeerblüte

Es gibt Sorten, die nur einmal im Jahr Früchte tragen (zwischen Juni und August). Andere bringen den ganzen Sommer über und bis zum ersten Frost Früchte hervor.

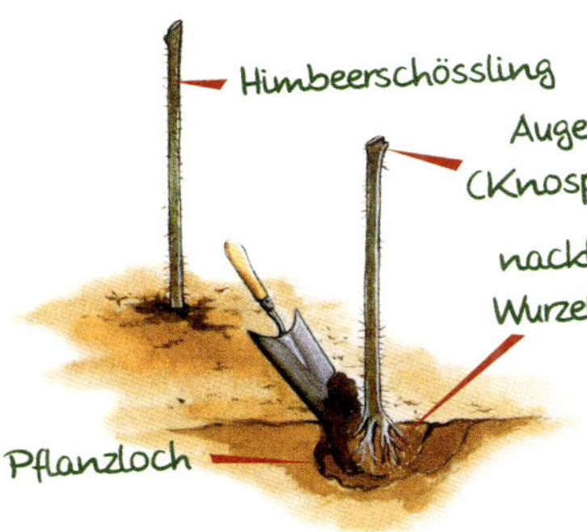

Himbeeren pflanzen

Lockere im Frühjahr oder Herbst den Boden und arbeite gut kompostierten Mist ein. Grabe in Abständen von 60 cm Pflanzlöcher, stecke neben jedes eine Pflanzenstütze und pflanze die Himbeeren mit nackten Wurzeln ein. Fülle die Lücken mit Erde und drücke sie an. Schneide die Stängel in 30 cm Höhe über einem Auge ab und gieße anschließend großzügig.

- Pflanzzeit im Herbst oder Frühling
- Ernte je nach Sorte zwischen Juni und Oktober
- Mildes Klima, Standort in Sonne oder Halbschatten
- Leichter, feuchter und humusreicher Boden

Der Apfelbaum

Ein Apfelbaum hat dreifachen Nutzen: die Blüten sind sehr hübsch, er trägt saftige Früchte und spendet im Sommer Schatten.

Der Schnitt

Halte ab dem ersten Jahr im Sommer nach geraden, weichen jungen Trieben Ausschau. Schneide mit der Gartenschere alle, vom Durchmesser eines Bleistifts, über dem ersten Blatt ab. Später (im Winter) werden nur noch abgestorbene Äste entfernt sowie solche, die nach innen wachsen oder das Gleichgewicht des Baums stören.

- Du brauchst: Spaten, Gartenschere
- Junge Bäume regelmäßig gießen, ältere nur im Sommer

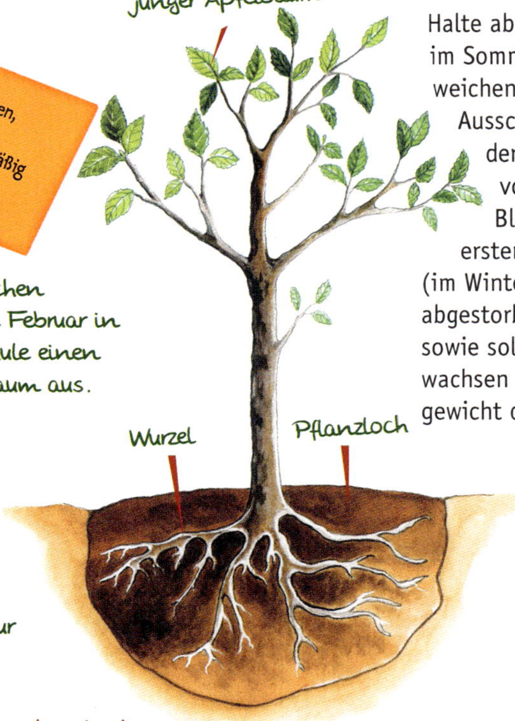

❶ Suche zwischen November und Februar in einer Baumschule einen jungen Apfelbaum aus.

Wenn der Boden allzu nährstoffreich ist, trägt der Baum viele Blätter, aber nur wenig Früchte.

❷ Pflanze ihn an einem windgeschützten Ort ein. Das Loch sollte 1 m tief und 80 cm breit sein. Breite beim Einpflanzen die Wurzeln aus.

❸ Fülle die Lücken mit Erde, drücke sie an und bilde dabei rings um das Bäumchen eine Kuhle. Gieße reichlich.

Nicht verwechseln!

Es gibt viele verschiedene Apfelsorten mit unterschiedlichem Geschmack. Daneben wurden auch reine Ziergewächse gezüchtet. Zu ihnen gehört der Japanische Apfel, dessen Früchte nicht essbar sind.

- Pflanzzeit im Frühling oder Herbst
- Ernte je nach Sorte von Juli bis Oktober
- Mildes Klima, sonniger oder leicht schattiger Standort
- Alle Bodentypen, aber nicht zu nährstoffreich

Zierpflanzen

- Stiefmütterchen
- Kapuzinerkresse
- Sonnenblumen
- Rosen
- Blumenzwiebeln
- Kakteen
- Fleischfressende Pflanzen
- Beliebte Grünpflanzen
- Grünlilie
- Kletterpflanzen
- Formschnitt
- Bonsais
- Der Weihnachtsbaum
- Eichen und andere Laubbäume
- Der Gartenteich
- Der Steingarten

Stiefmütterchen

Dies ist eine zweijährige Pflanze. Das heißt, dass sie anders als einjährige Pflanzen nicht in ihrem ersten Lebensjahr blüht, sondern erst im zweiten.

- Du brauchst: Blumenkelle, Gartenschere oder Schere, Kultivator
- Im Sommer häufig gießen

Man pflegt sie, indem man sie gießt und welke Blüten entfernt, um die Blütezeit zu verlängern.

Stiefmütterchen sind mit jedem Boden zufrieden – Hauptsache, sie bekommen viel Sonne ab.

So pflanzt man Stiefmütterchen

Um ein Beet mit ihnen zu schmücken, kauft man sie am besten in der Gärtnerei. Gib vor dem Einpflanzen unten in das Pflanzloch Komposterde. Drücke nach dem Einpflanzen die Erde an. Gießen nicht vergessen (Siehe S. 18, 19).

- Pflanzzeit nach dem Frost
- Blütezeit: Frühling, Sommer, Herbst, Winter
- Mildes Klima, Standort in der Sonne
- Leichter, humusreicher Boden

Kapuzinerkresse

Wie bei allen einjährigen Pflanzen dauert der Lebenszyklus der Kapuzinerkresse ein Jahr. Deshalb muss man sie jedes Frühjahr neu aussäen. Die Mühe lohnt sich, denn sie sieht im Beet wie im Topf wunderschön aus!

Gut zu wissen

Weil Kapuzinerkresse Blattläuse anzieht, pflanzen manche Gärtner sie in den Gemüsegarten: Dank dieses »Köders« lassen die Läuse das Gemüse in Ruhe.

- Material: Pflanzkelle, Blumenkelle
- Über der Wurzel gießen, im Sommer öfter

Das Aussäen

Grabe Pflanzlöcher mit 20 cm Abstand und lege jeweils drei Samen hinein. Bedecke sie mit Erde und gieße durch die Brause. Sobald die Pflänzchen 2 cm hoch sind, entfernst du jeweils die beiden schwächeren.

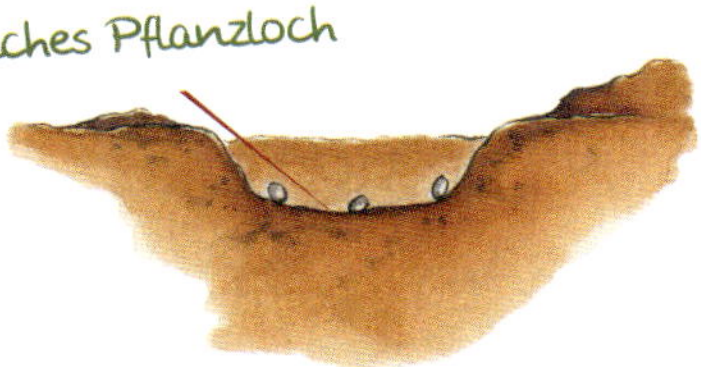

Aus dem Garten auf den Teller

Bestimmte Teile zahlreicher einjähriger Pflanzen sind essbar, darunter die Knospen, Blüten, Samen und Blätter der Kapuzinerkresse und die Knospen der Ringelblume. Natürlich sollten die Pflanzen nicht mit Chemikalien behandelt worden sein. Frage aber vorher einen Erwachsenen, bevor du etwas isst. Auch Stiefmütterchen sind essbar, doch sie gehören zu den Zweijährigen.

- Aussaat zwischen Mitte April und Mai
- Blütezeit: Anfang Juli bis zu den ersten Frösten
- Mildes Klima, Halbschatten
- Nährstoffreicher, feuchter Boden

Sonnenblumen

Diese einjährige Pflanze kann eine beträchtliche Höhe erreichen. Aber sie hält auch noch andere Überraschungen bereit: Während des Wachstums und zu Beginn der Blütezeit dreht sie sich nach der Sonne. Man bezeichnet diese Phänomen als Heliotropismus.

- Du brauchst: Pflanzkelle, Blumenkelle, Topf
- Kommt mit wenig Wasser aus, verträgt aber keine Trockenheit.

Eine komische Blume

Die Köpfe der Sonnenblumen bestehen aus zwei Typen von Blüten: aus Röhrenblüten, die den Blütenboden bedecken und aus denen sich die Samen entwickeln, und aus Zungenblüten, die den Blütenboden säumen.

❶ Es geht ganz einfach: Suche Samen einer kleinen Sorte aus, lege drei Samen in ein flaches Loch, decke sie mit Erde zu und gieße sie.

❷ Drei Wochen nach der Auss
entfernst du die schwächeren Pflanzen und behältst nur eine.

Die großen, auf Feldern als Nutzpflanzen angebauten Sonnenblumen werden bis zu 3 m hoch. Sie sind sehr schön, aber nicht so pflegeleicht wie kleinere Sorten.

- Aussaat im April/Mai
- Blütezeit: im September
- Mildes Klima, sonniger Standort
- Nährstoffreicher Boden, im Sommer mehr gießen

Rosen

Im Handel werden die unterschiedlichsten Typen und Sorten von Rosen angeboten. Englische Rosen duften besonders intensiv.

- Du brauchst: Hacke, Wanne, Gartenschere, Kultivator
- Rosen sind sehr anfällig für Blattläuse (siehe S. 24)

Der Rosenschnitt

Wichtig: Welke Blüten entfernt man sofort, ebenso wie abgestorbene oder schwarz verfärbte Zweige. Nach den letzten Frösten werden alle Zweige zurückgeschnitten. Schneide immer schräg!

So pflanzt man Rosen ein

Eine in einem Plastiktopf gekaufte Rose lässt sich außerhalb der Frostperioden das ganze Jahr über einpflanzen. Stelle die Rose mit Topf in eine Wanne voller Wasser. Grabe ein 50 cm tiefes Pflanzloch und gib unten Komposterde hinein. Nimm die Rose vorsichtig aus dem Plastiktopf, klopfe die Erde von den Wurzeln und kappe ihre Spitzen mit der Gartenschere. Setze die Rose in das Loch, drücke die Erde fest und gieße reichlich.

- Rosen in Plastiktöpfen kann man (außer bei Frost) das ganze Jahr über einpflanzen.
- Blütezeit: Frühling/Sommer
- Mildes Klima, sonniger, windgeschützter Standort
- Leicht lehmiger, nährstoffreicher, gut drainierter Boden

Blumenzwiebeln

Die aus Zwiebeln wachsenden Blumen – wie etwa Narzissen, Krokusse oder Hyazinthen – blühen im Frühling im Garten als Erste. Sie verschönern Rasen und Beete und gedeihen auch in Töpfen gut.

- Du brauchst: Zwiebelpflanzer, Gartenschere oder Schere
- Mäßig gießen

Narzissen erkennt man auf den ersten Blick an ihren schönen gelben Blüten. In der Zwiebel speichert die Pflanze Nährstoffe.

Saisonende

Wenn Blüten und Blätter verwelkt sind, nimmt man die Zwiebeln heraus, schneidet Stängel und Blä ter ab und legt sie für ein paar Stunden in die Sonne Anschließend bewahrt man sie an einem dunkler kühlen Ort auf und pflanz sie im Herbst wieder ein.

Dahlien pflan man im Apri Sie blühen i Somme

Dahlie

Hyazi

Wenn du im Herbst ei Hyazinthenzwiebel in eine Topf mit Komposterde einpflanz wird sie mit etwas Glück Weihnachten blühe

Tipps zum Einpflanzen

Setze die Zwiebeln mit der Spitze nach oben in ungefähr 15 cm tiefe Löcher. Besonders einfach lassen sie sich mit einem Zwiebelpflanzer setzen.

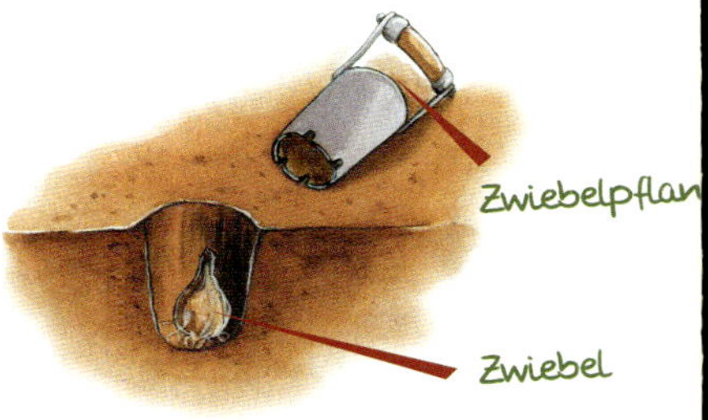

- Pflanzzeit je nach Sorte im Herbst oder Frühjahr
- Blütezeit je nach Sorte zwischen Februar und Oktober
- Mildes Klima, Standort sonnig oder im Halbschatten
- Lehmiger, nährstoffreicher Boden

Kakteen

Kann man Wüstenpflanzen bei sich zu Hause ziehen? Ja, das geht! Viele Kaktusarten fühlen sich in der Wohnung sehr wohl – vorausgesetzt, sie haben viel Sonne und werden sparsam gegossen.

- Du brauchst: Holzzange oder Papierstreifen, Töpfe, Schalen, Blumenkelle
- Gieße Kakteen im Zimmer nur einmal im Monat

Wenn du unterschiedlich große Pflanzen nimmst, sieht deine Kakteengruppe gleich viel interessanter aus. Entstaube sie regelmäßig mithilfe eines weichen Pinsels oder eines Haarföhns (nicht zu heiß).

Schmerzloses Umtopfen

Wenn Kakteen größer geworden sind, brauchen sie mehr Platz und man muss sie umtopfen. Verwende dabei einen Papierstreifen oder eine Holzzange, damit sie dich nicht stechen.

So wird's gemacht

Kaufe Kakteen in Töpfen und arrangiere sie in einer Schale. Im Handel ist spezielle Kakteenerde erhältlich. Bedecke die Erde nach dem Einpflanzen mit Kies und warte eine Woche, bevor du gießt.

- Blütezeit im Frühjahr
- Umtopfen bei Bedarf im Frühjahr
- Viel Wärme, sehr sonniger Standort
- Kakteenerde

Fleischfressende Pflanzen

Sie sind wirklich faszinierende Lebewesen und alles andere als alltäglich: Pflanzen, die sich von Insekten ernähren!

- Du brauchst: Töpfe, Untersetzer.
- Häufig gießen, aber nur mit destilliertem Wasser oder Regenwasser

Die Venusfliegenfalle

Die Venusfliegenfalle ist die bekannteste fleischfressende Pflanze. Sie verschlingt zwar gerne Insekten, stellt für dich jedoch keine Gefahr dar!

Venusfliegenfall

Von November bis Ende April gießt man an der Wurzel, die übrige Zeit über in den Untersetzer.

Wichtiger Tipp

Diese besonderen Pflanzen brauchen eine spezielle Erde. Sie muss sauer und darf nicht gedüngt sein. Gegossen wird mit Wasser ohne Mineralstoffe (destilliertes Wasser oder Regenwasser). Die Erde muss feucht gehalten werden.

Insektenfalle

Die Venusfliegenfalle ernährt sich von Insekten. Ihre wie ein Maul geformten Fangblätter klappen zusammen, sobald sich ein kleines Tier darauf gesetzt hat. Es genügt eine Berührung der Borsten auf dem Blatt, um den Reflex auszulösen. Das Fangblatt öffnet sich erst etwa zehn Tage später wieder, wenn das Insekt verdaut ist.

Das offene Fangblatt erinnert an ein Maul.

geschlossenes Fangblatt

Die Schlauchpflanze

Auch diese fleischfressende Pflanze lässt sich leicht im Topf ziehen. Jedes Blatt ist wie ein langer Trichter mit einem Deckel geformt. Vom Nektar angelockt, krabbeln Insekten hinein und ertrinken im Wasser, das sich darin angesammelt hat. Trotzdem können Insekten die Blüten gefahrlos bestäuben, denn diese stehen auf langen Stängeln hoch über den Blättern.

Schlauchpflanze

Sonnentau

Einheimische fleischfressende Pflanzen

Pflanzen, die sich von Insekten ernähren, wachsen nicht nur im tropischen Regenwald, sondern auch bei uns. Sonnentau-Arten sind in Mooren und anderen Feuchtgebieten heimisch.

- Eher feuchtes Klima, im Sommer heiß, im Winter kühl; die meisten dieser Pflanzen haben es gern sonnig.
- Nährstoffarmer, saurer Boden (Torf)

Beliebte Grünpflanzen

Jeder kann zu Hause Grünpflanzen im Topf halten. Man braucht nicht einmal viel Platz dafür. Die meisten von ihnen gedeihen im Zimmer gut. Sammle deine ersten Erfahrungen mit anspruchsloseren Arten.

Schusterpa

- Du brauchst: Topf, Übertopf, Kleinhacke, Blumenkelle
- Je nach Art mäßig bis häufig und großzügig gießen

Schusterpalme

Die ideale Topfpflanze: Sie is sehr pflegeleicht und verträ sogar starke Temperaturschwankungen gut.

Buntnessel

Die Buntnessel ist einjährig u lebt nicht sehr lange. Du kann sie aber leicht vermehren: Stec einfach einen Zweig ins Wass

Setze die Pflanze von einem Plastik- in einen Tontopf um, das sieht viel hübscher aus.

Der ideale Ort

Nicht jede Pflanze verträgt viel Sonne. Ein alter Gärtnertrick: Je bunter die Blätter, desto mehr Licht braucht sie.

Zwei weitere Grünpflanzen

Mit etwas mehr Erfahrung kannst du auch anspruchsvollere Pflanzen halten – zum Beispiel eine Kaladie (auch: Buntwurz, die feuchtes Klima braucht) oder eine Kokospalme, die mit lauwarmem Wasser besprüht werden sollte.

Kaladie

Kokospalme

- Düngen von April bis Oktober alle zwei Wochen
- Umtopfen im Frühjahr oder im Herbst
- Je nach Art mildes bis heißes Klima, Sonne oder Halbschatten
- Spezialerde für Grünpflanzen

Grünlilie

Manche Zimmerpflanzen haben besonders lange herunterhängende Zweige oder Ranken. Zu ihnen zählen unter anderem die Grünlilie und die Dreimasterblume. Sie brauchen wenig Pflege, aber viel Wasser.

- Du brauchst: Blumenampeln, Kleinhacke, Blumenkelle
- Häufig gießen

Die Dreimasterblume

Mit ihren ovalen Blättern und fleischigen, leicht brechenden Stängeln braucht sie nicht sehr viel Licht. Die Erde muss jedoch feucht gehalten werden.

Grünlilie

An den herunterhängenden Stängeln bilden sich Ableger oder Ausläufer.

Weil sie in vielen Büros steht, nennt man die Grünlilie auch »Beamtengras«.

Blitzvermehrung

Du brauchst nur einen abgeschnittenen Stängel (Dreimasterblume) oder einen Ableger (Grünlilie) in ein Glas mit Wasser zu stellen (siehe S. 20, 21) – und schon bilden sich im Laufe weniger Wochen Wurzeln.

Umtopfen

Man muss Topfpflanzen umsetzen, wenn es ihnen in ihrem Topf zu eng geworden ist. Am besten tut man das im Frühjahr, bevor die Wachstumsperiode beginnt. Dünge nicht sofort nach dem Umtopfen.

- Düngen von April bis Oktober alle zwei Wochen
- Umtopfen im Frühjahr oder im Herbst
- Je nach Art mildes bis heißes Klima, Sonne oder Halbschatten
- Spezialerde für Grünpflanzen

Kletterpflanzen

Sie wachsen an Mauern, Spalieren und Rankgerüsten hoch und schmücken mit ihren Blättern Terrassen und Balkone. Auch unter den Zimmerpflanzen gibt es eifrige Kletterer, die man gut zur Geltung bringen kann.

- Du brauchst: Rankgerüst, Pflanzenstütze, Schere, Blumenkelle, Kleinhacke oder Kultivator und Spaten
- Gießen je nach Hitze und Art

Kletterpflanzen müssen gestützt werden. Für Wilden Wein eignet sich am besten ein Rankgerüst an einer Wand. Du kannst von März bis April und von Oktober bis November düngen.

Radikalschnitt im Frühjahr

Schneide die Pflanze im März vor Beginn der Wachstumsperiode stark zurück. Sie wird sich danach besonders kräftig entwickeln.

Es gibt sehr viele Arten von Kletterpflanzen. Efeu kann ein ganzes Haus überwuchern. Die Passionsblume hat wunderschöne Blüten und wächst bis zu 6 m hoch.

- Pflanzzeit das ganze Jahr über (außer in Frostperioden)
- Umtopfen der Zimmerpflanzen im Frühjahr oder Herbst
- Je nach Art mildes bis heißes Klima, Sonne oder Halbschatte
- Alle Arten guter Erde für Gartenpflanzen, Spezialerde für Zimmerpflanzen

Formschnitt

Bestimmte Sträucher und Bäume wie Buchs, Lorbeer, Eibe, Zypresse und Thuja können in verschiedenste Formen geschnitten werden: in die eines Tieres, eines Menschen oder einfach nur in einen geometrischen Körper (Kugel, Pyramide, Rechteck ...).

- Du brauchst: Heckenschere, Schablonen, Töpfe, Kultivator, Blumenkelle
- Buchs muss vor allem im ersten Jahr viel gegossen werden, Eiben brauchen viel Wasser, Lorbeer und Thuja weniger.

Es ist gar nicht so schwer, Buchs in die Form einer Tierfigur zu schneiden. Du brauchst dazu eine Schablone aus dem Baumarkt. Stülpe sie über die junge Pflanze und schneide nach und nach die Zweige ab, die über dem Gitter abstehen.

Sobald die Pflanze die gewünschte Form angenommen hat, muss sie im Sommer immer wieder nachgeschnitten werden. Schneide aber nicht im Herbst, da sonst die jungen Triebe im Winter erfrieren können.

Das formende Schneiden an Gewächsen bezeichnet man auch als Formschnittkunst.

Kunst mit der Schere

Mit etwas Erfahrung und Geschick kann man einen Formschnitt auch ohne Schablone ausführen, zum Beispiel wenn man einen Lorbeerstrauch zur Kugel schneiden will. Du kannst dir aber auch eine Schablone basteln, indem du einen Halbkreis in ein großes Stück Pappe schneidest.

- Schnitt im Mai und September
- Umtopfen im Frühjahr oder Herbst
- Mildes bis heißes Klima, Standort sonnig oder im Halbschatten (Eiben vertragen keine pralle Sonne)
- Nährstoffreicher, gut drainierter Boden

Bonsais

Wer seine Leidenschaft für Bonsais entdeckt hat, kauft sich am besten eine Chinesische Ulme. Diese Art verzeiht dem Neu-Gärtner so manchen Fehler und wächst sehr schnell. Wichtig ist die regelmäßige Kontrolle ihres Gesundheitszustands: Achte vor allem auf schwarze Flecken auf den Blättern und Schimmel auf der Erde!

Eine asiatische Kun[st]

Das Wort Bonsai kommt aus dem Japanischen und bedeute[t] »kleiner Baum im Topf«. Allerdings wurde diese Kunst nicht von Japanern, sondern vor ungefähr 2200 Jahren von Chinesen entwickelt.

- Du brauchst: Schere, Wanne, Töpfe, Schale, Blumenkelle
- In einer Wanne voll Wasser bewässern

Die Chinesische Ulme wird 35 bis 60 cm hoch.

gezähnte Blätter mit abgerundeten Enden

Chinesische Ulme

Dünge das Bäumchen sparsam gegen Ende des Winters und dann wieder, sobald die Blätter austreiben (alle zwei Wochen wenige Tropfen oder Körnchen).

Ihre Blätter haben runde Spitzen, anders als die häufig ebenfalls unter dem Namen »Chinesische Ulme« verkaufte Zelkova.

Der richtige Bonsai

Ein im Fachhandel gekaufter Bonsai hat bei sachgerechter Pflege gute Aussichten auf ein langes Leben. An billigen Exemplaren aus dem Supermarkt hat man oft keine Freude: Sie sind beim Verkauf noch zu jung.

- Umtopfen zu Beginn des Frühjahrs
- Kürzen der Zweige ab April; stärkerer Rückschnitt im Winter

Wie topft man sie um?

Ein junger Bonsai sollte alle zwei Jahre umgetopft werden, ein älterer alle vier Jahre. Topfe ihn stets im April/Mai um. Stelle ihn mit seiner Schale zuvor in eine Wanne mit Wasser und halte ihn dann kopfüber, um ihn aus der Schale zu lösen. Dabei kannst du auch die Erde mit einem Messer von den Rändern trennen. Entferne ein Viertel der alten Erde und stelle den Bonsai in eine größere Schale mit einem Loch im Boden, das du mit Topfscherben abgedeckt hast. Fülle die Schale sodann mit Spezialerde für Bonsais auf. Drücke sie an und gieße.

Bewässere deinen Bonsai in einer Wanne mit Wasser: im Sommer täglich, im Herbst alle 3 bis 4 Tage, im Winter seltener.

Die Kunst des Bonsaischnitts

Nur durch regelmäßiges Schneiden kannst du deinen Bonsai »in Form« halten. Verwende eine kleine, desinfizierte Schere. Sobald der Bonsai fünf Blätter hervorbringt, schneidest du eins bis drei ab. Wenn du einen Ast abschneidest, musst du die Stelle mit Baumkitt bestreichen, damit dein Bäumchen nicht krank wird.

Sommerschnitt

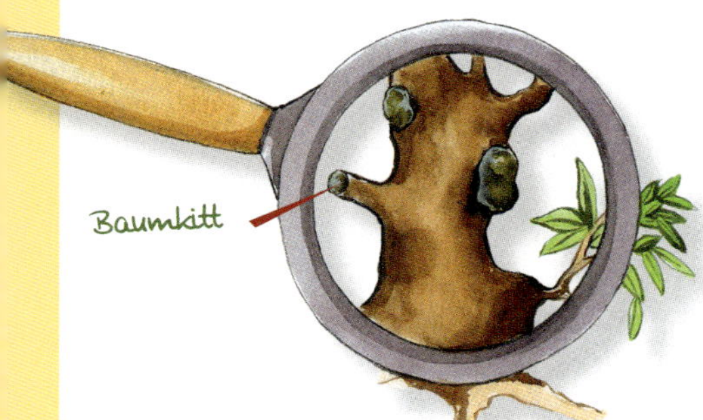

Winterschnitt

Der Weihnachtsbaum

Ein schöner Nadelbaum macht sich im Garten das ganze Jahr über gut. Und zu Weihnachten kann man ihn mit wetterfestem Schmuck und einer Lichterkette in einen richtigen Weihnachtsbaum verwandeln.

Wann pflanzen?

Einen im Topf gekauften Baum kann man außerhalb der Frostperioden zu jedem beliebigen Zeitpunk einpflanzen. Bäume mit nackten Wurzeln pflanzt n am besten im Herbst ein.

- Du brauchst: Spaten
- Junge Bäume regelmäßig gießen

Pflanze ihn an einen Ort, an dem er viel Platz zum Wachsen hat.

Gewöhnliche Fichte (angenehmer Duft, hängende Zapfen)

Edeltanne (aufrechte Zapfen)

Ganz leicht lässt sich ein junger Baum im Topf einpflanzen: Grabe ein Loch, das für den Wurzelballen groß genug ist, drücke die Erde fest an, streue etwas organischen Dünger darauf und gieße.

Nicht verwechseln!

Mehrere Arten von Nadelbäumen sind als Weihnachtsbäume im Einsatz. Der größte und schönste unter ihnen ist sicher die Edeltanne, die bis zu 60 m hoch wird.

Douglasie (hängende Zapfen mit langen Spitzen)

- Pflanzzeit für Bäume im Topf ganzjährig (außer in Frost- oder Hitzeperioden)
- Gebirge oder Ebene, sonniger Standort
- Nährstoffreicher, etwas feuchter und tiefer Boden

Eichen und andere Laubbäume

Auch zahlreiche Laubbaumarten passen gut in den Garten. Zu ihnen zählen die Eichen (zum Beispiel Steineiche oder Stieleiche). Ihre Früchte, die Eicheln, locken Eichelhäher an.

- Du brauchst: Spaten, Töpfe
- Junge Bäume regelmäßig gießen

Steineichen sind immergrün, tragen ihr Laub also das ganze Jahr über. Du erhältst sie in Baumschulen und Gartenmärkten.

Einpflanzen

Du kannst diese Eichen in einen Kübel setzen, aber sie gehören unbedingt nach draußen, denn sie sind keine Zimmerpflanzen. Später kannst du sie auch in den Garten umsetzen. Sie wachsen sehr langsam.

Weitere Laubbäume

Auch andere Laubbaumarten fühlen sich im Garten wohl. Zu ihnen zählen die Linde mit ihren duftenden Blüten, der Trompetenbaum mit seinen Früchten, die wie Bohnen aussehen, sowie der Haselstrauch. Gewächse mit nackten Wurzeln (ohne Erde) pflanzt man im Herbst, die im Topf das ganze Jahr über.

- Pflanzzeit der Eiche zwischen Oktober und März
- Mildes Klima (für Steineiche warm), Sonne oder Halbschatten
- Humusreicher Boden (für Linde lehmig)

Der Gartenteich

Pflanzen wachsen nicht nur in der Erde. Manche, wie zum Beispiel die Seerose, haben sich an ein Leben im Wasser angepasst und wurzeln am Boden von Gewässern.

- Du brauchst: einen großen Kübel, Teichfolie

So wird's gemacht

Im Fachhandel erhältst du Seerosen in Gittertöpfen. Stec sie wie auf Bild 2 in Tontöpfe und decke die Erde mit Kiesel-steinen ab, damit sie nicht wegschwimmt. Fixiere sie mit großen Steinen am Boden des Kübels oder Beckens.

Pflanze zuerst nur ein Seerose. Später kannst d zwei oder drei passend Arten hinzufügen. Dam sie zwischen Mai un September blühen brauchen sie eine sonnigen Standor

Paradies für Goldfische

Du kannst in einen großen Kübel, ein Becken oder einen Teich auch Goldfische einsetzen. Sie brauchen nicht viel Platz und sind wetterfest. Es sollten aber nicht zu viele sein: Optimal sind zwei Fische auf 100 l Wasser.

- Pflanzzeit ab Mitte des Frühjahrs bis Mitte des Sommers
- Blütezeit der Seerosen zwischen Mai und September
- Sonniger Standort (vor allem für Seerosen)
- Spezialerde für Wasserpflanzen

Der Steingarten

In einem Steingarten legt man eine Miniaturlandschaft aus Steinen und Pflanzen an. Er wirkt wilder und ursprünglicher als herkömmliche Blumenbeete.

- Du brauchst: Schubkarre für den Transport größerer Steine, Rechen, Kreuzhacke
- Regelmäßig gießen

Pflege deinen Steingarten, indem du regelmäßig Unkraut jätest und gleichmäßig gießt.

Du kannst die Pflanzen für deinen Steingarten entweder aussäen oder aus Töpfen umsetzen. Wenn du Pflanzen in Töpfen verwendest, sieht dein Steingarten gleich »fertiger« aus.

Das Anlegen

Wähle ein sonniges Plätzchen. Unser Bild zeigt einen Hügel aus Erde, Kies und größeren Steinen. Der Kies lässt überschüssiges Wasser ablaufen. Die großen Steine geben dem Ganzen Struktur und befestigen die Erde.

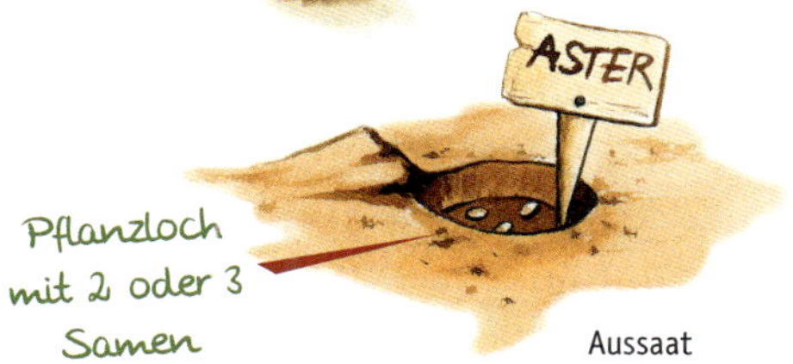

Aussaat

Die Aussaat

Wenn du dich dafür entscheidest, die Pflanzen zu säen, dann lasse zwischen den einzelnen Pflanzlöchern genügend Abstand. Überlege dir vorher genau, welche Pflanze wo wachsen soll. Stecke neben den Samen Schildchen mit den Pflanzennamen in den Boden.

- Pflanzzeit im Herbst und Spätwinter (nicht bei Frost)
- Blütezeit je nach Art verschieden
- Standort sonnig oder im Halbschatten
- Je nach Art magerer, trockener Boden oder Komposterde

Register

cbj ist der Kinder- und Jugendbuchverlag
in der Verlagsgruppe Random House

FSC
www.fsc.org
MIX
Aus verantwortungs-
vollen Quellen
FSC® C015529

Verlagsgruppe Random House FSC-DEU-0100
Das für dieses Buch verwendete FSC®-zertifizierte
Papier *Furioso* liefert Sappi, Biberist, Schweiz.

Gesetzt nach den Regeln der Rechtschreibreform

1. Auflage 2011

Die französische Originalausgabe erschien 2009
unter dem Titel
»Mes guides nature. Je jardine«
bei Éditions Milan – 300, rue Léon-Joulin,
31101 Toulouse Cedex 9, France.
Übersetzung: Cornelia Panzacchi
Lektorat: Kerstin Weber
Umschlagkonzeption: init.büro für gestaltung, Bielefeld
Umschlagabbildung: Corbis/ Harry Choi/ TongRo/ RF
Innenillustrationen: Laurence Bar
SaS · Herstellung: Antonia Gohl
Satz: Buch-Werkstatt GmbH, Bad Aibling
Reproduktion: Wahl Media GmbH, München
Druck: G.Canale & C. S.p.A.,
Borgaro Torinese
ISBN 978-3-570-15263-8
Printed in Italy

www.cbj-verlag.de